AF555421

MYSTÈRE DE NOËL

EN CINQ ACTES ET HUIT TABLEAUX

AVEC PROLOGUE ET ÉPILOGUE

PAR MM. LES ABBÉS H. FAIVRE ET HY. POIVET

PERSONNAGES :

L'ENFANT JÉSUS, rôle muet.
LA VIERGE MARIE, rôle muet (à volonté.)
JOSEPH, époux de Marie, rôle muet.

L'ARCHANGE GABRIEL.
NATHANAEL, vieux berger.
LABAN, berger.
TOBIE, —
MATHIAS, —
BÉNONI, —
ABEL, jeune berger.
JUDAS, —
GROUPE D'ANGES.
MELCHIOR, vieux mage à barbe blanche.
GASPAR, mage rouge, sans barbe.
BALTHASAR, mage noir, barbe noire.
HÉRODE, roi de Judée.
SIMÉON, prophète.
NICODÈME, sanhédrite pharisien.
ANNE, sanhédrite saducéen.
CAIPHE, —
LES TROIS ESCLAVES DES MAGES.
L'INTENDANT D'HÉRODE.
DEUX GARDES DU CORPS.

ADOLESCENT, personnifiant le Nouveau Testament.
VIEILLARD, personnifiant l'Ancien Testament.

PROLOGUE

CAUSE ET PRÉPARATION DE LA NATIVITÉ

TABLEAU UNIQUE

AVANT-SCÈNE

Au lever du premier rideau, on aperçoit : *Au milieu*, sur un char mobile, enveloppé de nuages, un groupe angélique comprenant l'archange Gabriel, escorté de deux anges, qui portent de longues trompettes. — *A gauche*, un vieillard, personnifiant l'Ancien Testament. — *A droite*, un adolescent, personnifiant le Nouveau Testament.

Sonnerie de trompettes.

L'ARCHANGE GABRIEL. (*Air n° 1.*)

Peuple chrétien, écoutez le mystère de Noël !

LE VIEILLARD, *appuyé sur les tables de la loi et personnifiant l'Ancien Testament.* (*Air n° 2.*)

I

Qu'Adam fut un pauvre homme
De nous faire damner
Pour un morceau de pomme
Qu'il ne put avaler !
Sa femme, sans cesse,
Le flatte, le presse
D'en manger un petit,
Disant que la sagesse,
Le démon l'avait dit,
Gisait dedans ce fruit.

2

Cependant notre père,
Que le morceau pressait,

RENÉ HATON, Libraire-Éditeur, 35, rue Bonaparte, PARIS.

Tout rouge de colère,
Sa femme maudissait :
« Stupide, cruelle,
« Crédule, rebelle,
« Tu trompes ton époux !
« Que dira notre maître ?
« Bien vite, cachons-nous,
« Je crains trop son courroux. »

3

A ce bruit déplorable,
Dieu descend promptement,
Et, d'un air tout aimable,
Appelle doucement :
« Mon Eve, ma fille,
« Epouse gentille,
« Adam de moi chéri ! »
Mais, de leur domicile,
Ni femme, ni mari,
Ne disent : « Me voici ! »

4

L'auteur de la nature,
A qui rien n'est caché,
Sous un tas de verdure
Découvre Adam couché,
Tout triste, tout pâle,
Qui tremble, tout sale,
De s'être ainsi traîné,
Qui répond : « C'est la femme,
« Que vous m'avez donnée,
« Qui m'a presque damné. »

5

La femme, à cette plainte,
Contre Adam se défend
Et dit que sa contrainte
Ne vient que du serpent.
Que dire ? Que faire ?
De rire, de braire,
Ce n'est pas la saison.
Dieu leur ouvre la porte,
Et, comme de raison,
Leur défend sa maison.

(*En pleurant.*)

6

Cette triste infortune
Causa tous nos malheurs :
La vieillesse importune,
Les plaintes et les pleurs ;
La peste, la guerre
Sur toute la terre
S'épandit à son dam,
Pour châtier l'offense
De notre père Adam
Dans chaque descendant.

Le vieillard reste immobile.

LES ANGES. (*Air* n° **3**.)

Un jour, Dieu se résolut
A faire notre salut :
Il dit que son fils puissant,
Par sa grâce féconde,
Se ferait Homme en naissant
Pour sauver le monde.

L'ADOLESCENT, *appuyé sur une croix et personnifiant le Nouveau Testament.* (*Air* n° **4**.)

I

Sur Nazareth la cité
Gabriel s'est arrêté,
Non pas par un cas fortuit,
Non pas même à la volée,
Mais c'est Dieu qui le conduit
Vers nous de la Galilée.

2

Son « Ave » ne fut pas dit,
Qu'au même instant descendit
Une louable pudeur
Au cœur humble de la Sainte,
Dont la marque et la couleur
Sur sa face pure est peinte :

3

« L'Esprit-Saint, dit-il, viendra,
« Alors il vous couvrira
« De son pouvoir tout-puissant
« Pour faire de vous une mère,
« Sans qu'il aille flétrissant
« Cette fleur de Dieu si chère ».

4

Elle répond sur ce lieu :
« Je suis servante de Dieu,
« Qui n'ai point de volonté ;
« De suite, je me résigne
« A son immense bonté,
« Bien que je sois très indigne. »

Sonnerie de trompettes.

Pendant la sonnerie, les Anges disparaissent dans le rideau entr'ouvert. Le Vieillard disparaît à gauche et l'Adolescent à droite. Le deuxième rideau s'ouvre, et, de suite, sans interruption, commence la première partie.

PREMIÈRE PARTIE

LES BERGERS

ACTE I

ANNONCE DE LA NATIVITÉ AUX BERGERS

TABLEAU UNIQUE

SCÈNE

Au lever du deuxième rideau, la scène représente la campagne aux environs de Bethléem. — Il fait nuit. — Laban, Mathias et Tobie, enveloppés de leurs manteaux, sont endormis. — Nathanaël veille et est assis sur un rocher à gauche.

Dès que le rideau est ouvert, on entend dans le lointain un berger, qui joue du flageolet. (*Air* n° **5**.)

NATHANAEL, *appelant*.

Laban !... Laban ! réveille-toi !

LABAN

Qu'est-ce donc ?

NATHANAEL

C'est l'appel à la prière de minuit.

LABAN, *se soulevant*.

Prier !... Pourquoi prier ?... Depuis plus de quatre mille ans, le peuple d'Israël appelle vainement le Messie promis ! C'est en vain que les prêtres de Jéhovah, debout près de l'autel, chargé de victimes, chantent sans cesse : « Cieux, laissez tomber votre rosée ! nuées, faites pleuvoir le Juste ! » — C'est en vain que moi, malgré ma pauvreté, j'offre au Très-Haut mes plus tendres agneaux. — C'est en vain que toi-même, Nathanaël, tu immoles au Seigneur tes brebis les plus grasses. — Dieu s'est retiré de nous ; il est sourd à nos supplications et le Rédempteur ne vient pas.

Il se laisse retomber et s'endort.

NATHANAEL

Dors, homme de peu de foi... Moi, j'espère et je prie.

Il se lève et debout au milieu de la scène il chante. (*Air* n° **7**.)

Venez, divin Messie,
Sauvez nos jours infortunés,
Venez, source de vie,
Venez, venez, venez !
Ah ! descendez,
Hâtez vos pas,
Seigneur, de l'éternel trépas
Délivrez-nous, ne tardez pas !
Les temps se renouvellent
Sans voir nos crimes pardonnés,
Les peuples vous appellent
Venez, venez, venez !

L'ARCHANGE GABRIEL, *dans le lointain.* (*Air* n° **6**.)

Nathanaël !

NATHANAEL

Quelle est cette voix inconnue ?

L'ARCHANGE GABRIEL. (*Air* n° **6**.)

Nathanaël !

NATHANAEL

N'est-ce pas mon nom que j'entends ?... Tout repose pourtant dans la campagne : les brebis sont en paix, les chiens couchés veillent en silence, et là-bas, à l'horizon, la sombre forêt semble dormir au pied du mont Liban.

L'ARCHANGE GABRIEL, *toujours invisible, mais plus près.* (*Air* n° **6**.).

Nathanaël !

NATHANAEL

Plus de doute : on m'appelle !

Il va pour sortir à droite et s'arrête stupéfait devant l'Archange, qui s'avance sur un char enveloppé de nuages. L'apparition est éclairée par un jet de projection.

L'ARCHANGE GABRIEL. (*Air* n° **8**.)

Bergers, que l'on s'éveille
Pour marcher sur nos pas,
Venez voir la merveille
Et ne différez pas.
Un Dieu naît ici-bas,
Son amour vous appelle,
A Bethléem est ce grand roi
Dont le ciel même suit la loi :
Courez-y pleins de zèle.

LES ANGES, *invisibles et au loin.* (*Air* n° **9**.)

« Glória in excélsis Deo ! » (*bis*)

NATHANAEL, *qui s'est agenouillé pendant le « Gloria ».* (*Air* n° **8**.)

O messager céleste,
Quel est votre discours ?
Achevez-moi le reste,
N'en bornez point le cours ;
J'en brûle d'être instruit
Et j'aime à vous entendre ;
Expliquez-moi quel astre luit
Dans le sein même de la nuit,
J'ai peine à le comprendre.

LES ANGES, *dans la coulisse.* (*Air* n° **9**.)

« Glória in excélsis Deo ! » (*bis*)

L'ANGE GABRIEL, *même position.* (*Air* n° **8.**)

Ce mystère adorable
Fera votre bonheur;
En une pauvre étable
Vous est né un Sauveur !
Ce divin Rédempteur,
Sans bercette et sans langes,
Sur un peu de paille est couché,
Lui, dans le ciel environné
Des chœurs sacrés des Anges !

Gabriel disparaît à droite.

NATHANAEL, *se relevant.* (*Air* n° **8.**)

C'est trop m'en faire entendre,
Ne perdons point de temps ;
Pour voir un Dieu si tendre.
Ménageons les instants :
Ah ! je ne me sens pas
De joie et de tendresse...
Je cours éveiller de ce pas
Les autres... Ce bien plein d'appâts
Vaut bien que l'on s'empresse.

En chantant ce qui suit, il secoue les bergers et termine par Laban qu'il secoue plus fort et qui seul se réveille.

(*Air* n° **10.**)

Holà ! bergers, réveillez-vous ! (*bis*)

LES ANGES, *dans le lointain.* (*Air* n° **9.**)

« Glória in excélsis Deo ! » (*bis*)

LABAN, *debout, regardant à droite.* (*Air* n° **11.**)

J'entends là-bas dans la plaine
Les anges descendus des cieux,
Chanter à perte d'haleine
Ce cantique mélodieux.

Un feu brille et grandit peu à peu dans la coulisse de droite.

LES ANGES, *dans le lointain.* (*Air* n° **9.**)

« Glória in excélsis Deo ! » (*bis*)

ABEL, *entrant par la gauche et accompagné de Bénoni.* (*Air* n° **12.**)

As-tu, mon cher Laban,
Ouï cette voix
Qu'au loin l'on entend,
Qui remplit tourelouriretie, }
Qui remplit lonladériretie, } *bis*
Nos champs et nos bois ? }

Le feu diminue et disparaît dans la coulisse de droite.

LABAN. (*Air* n° **12.**)

Ce feu dans les nues
Ne luit pas en vain,
Ces voix inconnues
Sont l'effet, tourelouriretie, }
Sont l'effet, lonladériretie, } *bis*
D'un ordre divin. }

LES ANGES, *dans le lointain.* (*Air* n° **9.**)

« Glória in excélsis Deo ! » (*bis*)

ABEL. (*Air* n° **12.**)

Allons reconnaître
Cette nouveauté
Et voir d'où peut naître
Ce grand bruit, tourelouriretie, }
Ce grand bruit, lonladériretie, } *bis*
Et cette clarté. }

L'ARCHANGE GABRIEL, *apparaissant à droite, pendant que les deux bergers tombent à genoux.* (*Air* n° **8.**)

C'est le divin Messie
Qu'attend tout Israël,
De la Vierge Marie
Est né l'Emmanuel.
Pour vous ouvrir le ciel,
Ce grand Dieu, notre Maître,
Entre le bœuf, entre l'ânon,
Dans une étable pour maison,
A l'instant vient de naître.

L'Archange disparaît.

NATHANAEL, *entrant vivement par la gauche, puis secouant Mathias et Tobie.* (*Air* n° **10.**)

Holà ! bergers, réveillez-vous ! (*bis*)

ABEL, *se relevant.* (*Air* n° **13.**)

Quelle belle vision !
Ce n'est point un songe,
Mon cœur plein d'émotion
Dans l'amour se plonge.
Sur les pas de l'Agnelet
Courons vite, s'il te plaît,
Courons à l'étable,
Au gué,
Courons à l'étable.

JUDAS, *revenant de droite et entrant tout essoufflé.* (*Air* n° **14.**)

Voisin, d'où venait ce grand bruit,
Qui m'a réveillé cette nuit
Et tous ceux de mon voisinage?
Vraiment, j'étais fort en courroux
D'entendre par tout le village :
Holà ! bergers (*bis*), réveillez-vous,
Holà ! bergers, réveillez-vous.

ABEL

Quoi donc, Judas ? Ne sais-tu pas que le Messie, promis à notre père Adam, vient de naître ?

JUDAS

D'où te vient cette idée bizarre ? — Tu rêves, sans doute, mon cher Abel, et ceci n'a rien d'étonnant, puisqu'il est l'heure du profond sommeil et que je viens d'entendre, il y a seulement un instant, l'appel à la prière de minuit.

ABEL

Je ne rêve pas. Écoute-moi plutôt : Les Prophètes n'affirment-ils point que le Messie doit naître dans notre pays ?

JUDAS

Oui, mais toutes les vieilles prophéties sont en défaut.

ABEL

D'autre part, ce Messie ne doit-il pas sortir de la race de David ?

JUDAS

Sans doute ; mais la famille de David a depuis

longtemps quitté Bethléem et elle est dispersée en Judée et en Galilée.

ABEL

Tu te trompes, Judas. Les descendants de notre illustre Roi David sont tous en ce moment rassemblés à Bethléem, afin de se faire inscrire dans le pays même de leur origine, — ainsi que vient de l'ordonner César, en prescrivant le recensement des sujets de l'Empire romain.

JUDAS

Mais les descendants de David n'ont pas d'armée; ils sont sans force!.....

NATHANAEL

Souviens-toi que le Seigneur n'a jamais abandonné son peuple. Quand les hommes étaient impuissants à délivrer les Israélites de l'esclavage, Dieu s'est servi de faibles femmes : rappelle-toi Esther et Judith! — Et la femme, capable de nous sauver aujourd'hui, pourrait bien être celle qu'Abel et moi nous avons vue ce soir, cherchant un asile dans Bethléem; il m'a semblé qu'une auréole lumineuse entourait son jeune front.

JUDAS

Et d'où venait-elle?

ABEL

De Nazareth.

JUDAS

Quelque chose de bon peut-il sortir de Nazareth?

ABEL

J'en suis bien sorti, moi qui vous parle!... Cette femme, je la connais, c'est Marie, humble fille de la tribu de Juda; et son époux, qui l'accompagnait, je le connais aussi, c'est Joseph, le menuisier, celui que les Nazaréens ont surnommé « le Juste ».

JUDAS

Enfin, qui vous a dit que le Messie était né?

NATHANAEL

Les anges eux-mêmes sont venus nous annoncer cette grande nouvelle.

JUDAS

Où donc est-il, ce Désiré des Nations? Quel palais a l'honneur de l'abriter?

TOUS LES BERGERS, *s'adressant à Judas.* (*Air* n° **15**.)

Il a pour palais une étable,
Pour courtisans des animaux,
Pour lit la paille et les roseaux,
Et c'est cet état misérable
Qu'il choisit aujourd'hui,
Tandis que toute la terre,
Que toute la terre,
Que toute la terre est à Lui.

JUDAS

Un Messie né dans une étable! Un Dieu couché sur la paille! S'il en est ainsi, je ne le reconnaîtrai jamais pour mon Maître, ou bien si, un jour, je fléchis le genou devant lui, ce sera pour le mieux trahir!

NATHANAEL, *révolté.*

Que dis-tu, Judas? Le trahir?... Et pour quel prix?

JUDAS

Trente deniers! Un Dieu pauvre ne vaut pas plus cher!

TOUS LES BERGERS, *chassant à coups de bâton Judas, qui fuit à droite.*

Va-t'en, cœur dur et sans pitié, va-t'en!

NATHANAEL

Tu n'es pas digne de contempler Celui qui vient sauver le monde. *Appel de trompe dans le lointain.*

TOUS LES BERGERS, *allant et venant, en agitant leurs coiffures.* (*Air* n° **12**.)

Bergers, qu'on s'assemble
Au signal donné,
Pour aller ensemble
Saluer, tourelouriretle, } bis
Saluer, lonladérirette, }
Le Roi nouveau-né. }

ABEL (*Air* n° **16**.)

Boutions not' habit le plus biau
Que j'ons, quand il est fête,
Pour adorer l'Enfant nouviau :
Ce serait malhonnête,
Si j'allions en saligaud
Adorer noutre Maître.

TOUS LES BERGERS

Ce serait malhonnête,
Si j'allions en saligaud
Adorer noutre Maître.

TOUS LES BERGERS (*Air* n° **17**.)

Allons voir
Tous ce Monarque
Dont on marque
Le charmant pouvoir.
Que notre âme
Soit de flamme
Pour son beau Nom
En toute saison;
Qu'à voix pleine
On l'apprenne
Dans la plaine
A tout le canton,
Car cet Enfant
Dans sa crèche
D'herbe sèche
Nous attend,

L'ARCHANGE GABRIEL, *escorté de deux anges et apparaissant à droite.* (*Air* n° **18**.)

« Venite, Adorémus (*ter*) Dóminum. »

PREMIER RIDEAU

ACTE II

ADORATION DES BERGERS

TABLEAU D'AVANT-SCÈNE

Au lever du premier rideau, l'avant-scène est vide; les bergers entrent en chantant : trois par la droite et trois par la gauche : ils se croisent pour aller se placer du côté opposé à celui par lequel ils sont entrés. Outre leur bâton, tous portent leurs présents. — Bénoni, *un manteau*. — Laban, *une paire de draps et un flageolet*. — Mathias, *un paquet* contenant des œufs, du pain, du beurre, de la galette et du fromage. — Tobie, *un pot de lait et un pâté*. — Abel, *une panetière* bien garnie et renfermant un pigeon vivant. — Nathanaël, *un agneau blanc*.

TOUS LES BERGERS, *en entrant*. (*Air* n° **19**.)

Menons réjouissance,
Chantons Noël! Noël!
Jésus a pris naissance
Dans ce jour solennel;
Nous avons vu des Anges
Chantant gloire et louanges
A Jésus, Roi des Rois. (*bis*)

LES BERGERS, *arrivés sur la scène*. (*Air* n° **20**.)

Portons tous nos offrandes
Au monarque du ciel,
Courons, joyeuses bandes,
Près de l'Emmanuel.
You, you, you,
Voici la fête,
You, you, you,
Jouez, musette,
Chantons tertous : Noël! Noël!

BÉNONI. (*Air* n° **21**.)

Pour abriter l'Enfant
Je porte mon manteau (*bis*)
Et le plus grand et le plus beau
Pour abriter l'Enfant.

LABAN. (*Air* n° **22**.)

Et puisqu'il est couché
Sur un boutiau de foin,
Sans lange, ni drapeau,
Dans le plus grand besoin,
J'ai pris contre le froid
Cette paire de draps
Et mettrai dans leurs plis
Les divins petits bras
Du puissant maître du monde,
Et tous nous chanterons : Noël! Noël! Noël!

TOUS LES BERGERS

Et tous nous chanterons : Noël! Noël! Noël!

MATHIAS. (*Air* n° **23**.)

Moi, je porte dans ce paquet (*bis*)
Pour le divin Enfantelet
Des œufs frais et du pain mollet,
Puis du beurre et de la galette,
Un fromage de ma chevrette.
Ah! Ah! courons gaîment, } *bis*.
Adorer le Divin Enfant. }

TOUS LES BERGERS

Ah! Ah! Courons gaîment, } *bis*.
Adorer le Divin Enfant. }

TOBIE. (*Air* n° **16**.)

J'avons pris pour l'Enfantelet
Et pou l'pauvre ménage
Ce grand pot de nout' meilleur lait,
J'vons lui z'en faire houmage; —
Si j'li portions point c'pâté,
Ça s'rait vraiment doumage!

TOUS LES BERGERS

J'vons lui z'en faire houmage,
Si j'li portions point c'pâté
Ça s'rait vraiment doumage.

ABEL. (*Air* n° **24**.)

Et moi, j'ai dans ma panetière
Une gelinotte, un pigeon,
Ton, ton, ton, taine, ton, ton,
Une caille, un coq de bruyère
Pour cet adorable Poupon.
Ton, ton, ton, taine, ton, ton.

Abel embrasse son pigeon.

TOUS LES BERGERS, *lentement*.

Ton, ton, ton, taine, ton, ton.

NATHANAEL. (*Air* n° **25**.)

Moi, je porte un agneau
Tout blanc, tout mignon, tout beau
Pour le cher Poupon,
Un joli mouton
Au long poil soyeux,
Avec de grands yeux,
Car mon plus grand désir
Est de lui donner du plaisir.

TOUS LES BERGERS

Oui, not' plus grand désir
Est de lui donner du plaisir.

TOUS LES BERGERS. (*Air* n° **26**.)

Pour bien faire la cour
A ce nouveau Maître,
Un grand et profond amour
Doit surtout paraître.
Que chacun ouvre son cœur
Tout brûlant de vive ardeur,
C'est la sain, sain, sain,
C'est la to, to, to,
C'est la sain, c'est la to,
C'est la sainte offrande
Que Jésus demande.

LES ANGES, *d'abord invisibles*. (*Air* n° **18**.)

« Venite, adoremus (*ter*) Dominum. »

Le deuxième rideau s'ouvre, pendant le chant des Anges. Les Bergers, apercevant l'Enfant-Jésus, tombent à genoux, et, aussitôt, commence le Tableau de scène.

TABLEAU DE SCÈNE

Au premier plan, à droite et à gauche : panneaux de forêts, bergers agenouillés. — *Au deuxième plan*, à droite et à gauche : panneaux de grotte, reliés par une frise pareille ; les anges entourent l'entrée de la grotte. — *Au fond*, on aperçoit très éclairé l'intérieur de la grotte.

Dans l'intérieur de la grotte, *au milieu*, se trouve la crèche vide, dominée par le bœuf et l'âne. — *A droite* de la crèche, saint Joseph à genoux et appuyé sur son bâton. — *A gauche*, la Vierge Marie assise et tenant l'Enfant-Jésus dans ses bras.

LA VIERGE MARIE (*Air* n° **27**.)

Dors, mon tendre Agnelet, dors, mon Enfant béni,
Près de mon cœur aimant mes bras te font un nid ;
Et bercé doucement, loin de la vie amère,
Dors, mon Enfant chéri, sur le sein de ta mère.

Couplet.

Repose comme un bel oiseau
Dont les ailes s'ouvrent à peine,
Aujourd'hui tu n'es qu'un roseau,
Demain, demain tu seras chêne.
Dors, dors, dors, dors,
On n'entend plus de bruit,
Tout se tait (*bis*). Dors, dors,
Cher petit.

2e Refrain.

Dors, mon Enfantelet ; quand Ton esprit sommeille,
Ta Mère est près de Toi, qui s'incline et Te veille ;
Ta Mère au cœur brûlant de tendresse et d'Amour
Qui, pour Te voir sourire, attendra jusqu'au jour :

La Vierge Marie, après avoir chanté le deuxième couplet, dépose doucement l'Enfant Jésus dans la crèche et, immobile, le contemple.

NATHANAEL, *debout à droite.* (*Air* n° **28**.)

Berger, berger, vois-tu là-bas, là-bas ?

LABAN, *debout à gauche.*

Berger, berger, c'est là l'étable, l'étable, hâtons le pas.

Duo.

Rien qu'en voyant la pauvre étable,
Je sens déjà battre mon cœur,
Dans ce réduit si misérable
On nous a dit : « C'est le Sauveur ! »
Oui, c'est bien là, c'est là l'étable,
Où l'on a dit qu'est le Sauveur.

NATHANAEL

Voici tout près la pauvre étable,
Ah ! peut-on naître en ce réduit !

LABAN

Elle est encor plus misérable
Que les Anges ne l'avaient dit.

NATHANAEL

Dieu ! le vent souffle et la terre est glacée !
Et la cabane ouverte à tous les vents !

LABAN

Entrons, berger, c'est la grotte annoncée,
Ah ! j'aperçois le plus beau des enfants !

Ensemble.

Ah ! j'aperçois le plus beau des enfants !

NATHANAEL

Berger, berger, sa mère est là, sa mère est là !

LABAN

Berger, berger, qui de nous deux lui parlera ?

Ensemble.

En vous voyant près d'une Mère,
Je sens déjà battre mon cœur,
Divin Jésus, mon petit frère,
J'adore en Vous mon Dieu Sauveur ;
Et vous, ma bonne et sainte Mère,
A votre fils offrez mon cœur.

TOUS LES BERGERS, *debout.* (*Air* n° **29**.)

A votre indigence
Tous en diligence
Nous venons offrir nos dons,
O Roi des cieux !
Daignez nous bénir,
Je vous en supplie,
Et qu'après cette vie
En la Sainte Patrie
Sans cesse nous chantions :
Noël ! Noël !

Pendant qu'on chante « Daignez nous bénir », *Laban va s'agenouiller devant la crèche, dépose sa paire de draps à terre, se relève, fait la génuflexion, en étendant les bras en forme de croix, et revient à sa place. Pendant que les bergers avec le même jeu apportent leur offrande, Laban joue sur son flageolet l'Air* n° **5**.

NATHANAEL, *quand l'offrande est terminée.* (*Air* n° **30**.)

Voilà toute notre richesse,
Moins grande que notre tendresse ;
Chacun de nous, petit Sauveur,
S'empresse de Te donner son cœur. (*bis*).

Abel porte son offrande le dernier et reçoit le baiser de l'Enfant-Jésus.

TOUS LES BERGERS, *après s'être placés, trois à droite, trois à gauche (vis-à-vis), exécutent une sorte de ballet dont le pas est marqué par la mélodie suivante qu'ils chantent.* (*Air* n° **31**.)

Il est né, le divin Enfant,
Jouez, hautbois, résonnez, musettes,
Il est né, le divin Enfant,
Chantons tous son avènement.

Tous s'arrêtent et font face au public.

NATHANAEL *et* LABAN

Depuis plus de quatre mille ans
Nous le promettaient les prophètes,
Depuis plus de quatre mille ans
Nous attendions cet heureux temps.

TOUS LES BERGERS, *même jeu que plus haut.*

Il est né le divin Enfant,
Jouez, hautbois, résonnez, musettes,
Il est né, le divin Enfant,
Chantons tous son avènement.

PREMIER RIDEAU

DEUXIÈME PARTIE

LES MAGES

ACTE I

ANNONCE DE LA NATIVITÉ AUX MAGES

TABLEAU D'AVANT-SCÈNE

Au lever du premier rideau, on aperçoit au milieu de l'avant-scène un groupe angélique, comprenant l'Archange Gabriel, escorté de deux Anges, portant de longues trompettes.
Sonnerie de trompettes.

L'ARCHANGE GABRIEL (*Air* no **1**.)

Peuple chrétien,
Ecoutez bien
Le mystère de Noël.

Sonnerie de trompettes.

Pendant la sonnerie, les Anges disparaissent dans le deuxième rideau entr'ouvert. Le deuxième rideau s'ouvre et immédiatement commence le tableau de scène.

TABLEAU DE SCÈNE

La scène représente une terrasse du palais de Melchior pendant une belle nuit d'Orient. — Au *premier plan*, colonnes de marbre ; au *deuxième plan*, mêmes colonnes, reliées entre elles par une balustrade, qui termine la scène. Au *fond*, par delà la balustrade, lointain de montagnes et de vallées.

Le vieux Melchior, entouré d'instruments d'astronomie, est assis près d'une table à droite et lit attentivement un vieux manuscrit. — L'esclave de Melchior, portant le manteau, la couronne et le sceptre de mage, se tient debout au fond de la scène. — C'est le soir.

MELCHIOR, *relevant la tête.*

Plus j'étudie les livres de mes maîtres dans la science, et plus je suis convaincu que le temps est venu, où doit naître l'Homme-Dieu, créateur d'un monde nouveau. Partout, en Perse, les faux dieux, follement adorés autrefois par les mortels, sont délaissés et leurs autels déshonorés sont déserts. — ... Aussi, chaque soir, j'attends l'apparition de l'Etoile, prédite par Zoroastre et messagère du Rédempteur promis. (*La nuit est tombée peu à peu. Melchior se lève et regarde dans le télescope — puis, découragé :*) Hélas ! sans cesse mon espoir est déçu ! Les crépuscules succèdent aux crépuscules, les nuits succèdent aux nuits et rien n'est changé à l'invariable cours des astres !... Mes calculs m'auraient-ils trompé ?... Mon esprit, troublé par les brouillards de la vieillesse, serait-il incapable de comprendre les livres sacrés ?... Je ne puis le croire. (*Il se dirige vers la balustrade et interroge l'horizon.*) Et pourtant, aucun nuage n'obscurcit l'horizon : mes yeux inquiets peuvent à loisir plonger dans l'infini du bleu firmament, l'atmosphère est pure et transparente. O nuit délicieuse, nuit de silence que trouble seul le bruissement des bambous sur les rives du sombre fleuve, qui coule au fond de la vallée ! Nuit embaumée du parfum des lis et des lotus, des muguets et des roses ! Ne permets pas que ton cours s'achève avant que mon rêve ne soit réalisé ! Ne laisse pas les lueurs rougissantes de l'aurore envahir tes plaines d'azur, avant que les rayons de l'astre tant désiré ne soient venus caresser les cheveux blancs et réchauffer le cœur du vieux Melchior !...

O nuit délicieuse !
Tes parfums embaumés,
Ta clarté radieuse,
Tes mondes enflammés...
Tout m'attire et m'enivre,
Me fait rêver du ciel !
Du Ciel, où je veux vivre
Près de l'Emmanuel !

Revenu au milieu de la scène, il chante. (*Air* nº **32**.)

Etoile attendue !
Oh ! que ta venue
Comble mes désirs,
Apaise mes soupirs ! (Fin.)
Le divin Messie
Est encore voilé,
Mais la prophétie
Nous l'a révélé :
Sa grâce féconde
Va sauver le monde !
Etoile attendue... etc.

Mais que vois-je ?... Cette lueur dans le lointain, serait-ce déjà l'aurore ?... Non, le jour vient à peine de finir. — Serait-ce quelque feu de pâtre ?... Non, car la clarté s'élève dans le ciel profond, et son rayonnement, qui sans cesse grandit, ne saurait être celui d'une branche desséchée ?... Les astres d'argent deviennent vaporeux et s'effacent !... Un rayon lumineux sillonne l'azur clair... (*Un rayon descend sur le Mage, qui tombe à genoux.*) Ah ! mes yeux, n'en doutez plus, c'est elle ; c'est l'Etoile promise !... Semblable au naufragé qui, voyant poindre une voile blanche sur la mer en courroux, sent renaître l'espoir en son cœur, — en apercevant ta blancheur, Astre béni, je sens revivre en moi la foi, l'espérance et l'amour.

L'ÉTOILE, *rayonnant à gauche et chantant dans la coulisse.* (*Air* n° **33.**)

Salut, ô Roi, je suis l'Etoile,
L'Etoile d'or, bel astre triomphant,
Qui viens vers toi, sans mystère et sans voile
Pour te guider jusqu'au Céleste Enfant,
Devant tes pas mon cercle de lumière,
Comme une lampe étincelant encor,
Te conduira vers une humble chaumière.
Salut ! ô Roi, salut, je suis l'Etoile d'or,
Devant tes pas je porte la lumière :
Salut, ô Roi, salut, ô Roi ! je suis l'Etoile d'or.

MELCHIOR, *se relevant.* (*Air* n° **32**).

Gloire au divin Maître
Qui s'en vient de naître !
Eclatez aux cieux,
Concerts mélodieux ! — (*Fin*)
La miséricorde,
S'inclinant vers moi,
A mes vœux accorde
La nouvelle loi.
Je prends confiance,
C'est la délivrance !
Gloire au divin... etc.

L'Etoile a cessé de rayonner. Deux esclaves, portant l'encens et la myrrhe, entrent, précédant Gaspar et Balthasar. Tous entrent par la gauche.

MELCHIOR, *à Gaspar et à Balthasar.* (*Air* n° **34.**)

Qui vous émeut, ô Princes,
De quitter vos pays,
De laisser vos provinces
Etonnés, ébahis ?
Avez-vous quelqu'augure,
Aussi bien comme moi,
D'une chose future
Qui vous mette en émoi ?

GASPAR. (*Air* n° **35.**)

Pour moi dans ma contrée,
Et de jour et de nuit,
S'est vue et rencontrée
Une étoile qui luit,
Portant belle lumière,
Sans qu'un autre flambeau
Ne la rende plus claire,
Ni son éclat plus beau.

BALTHASAR. (*Air* n° **21.**)

Moi, je l'ai vue aussi,
Comme vous l'avez dit,
Et dans l'astre brillant
Au firmament
Bien clairement
J'aperçus un enfant.

MELCHIOR. (*Air* n° **34**)

Oui, c'est bien la planète
Que nous avait prédit
Balaam le prophète,
Quand il présage et dit
En sûre prophétie
Que, quand le grand Messie
En ce monde naîtrait,
Un astre paraîtrait. (*bis*)

BALTHASAR (*Air* n° **34.**)

La chose est très certaine !

GASPAR

Oui ! c'est elle vraiment !

BALTHASAR *et* GASPAR

Nous voilà hors de peine
Par votre enseignement.

MELCHIOR

Et me vient en idée
Que c'est dans la Judée,
Parmi le peuple hébreu,
Que doit naître ce Dieu. (*bis*)

L'ÉTOILE, *rayonnant sur les Mages, qui s'agenouillent et tendent les mains vers elle.* (*Air* n° **33.**)

Devant vos pas, mon cercle de lumière,
Comme une lampe étincelante encor
Vous conduira vers une humble chaumière,
Salut, ô Rois ! salut ! Je suis l'Etoile d'or ;
Devant vos pas je porte la lumière,
Salut, ô Rois ! (*bis*) Je suis l'étoile d'or !

GASPAR, *se levant.* (*Air* n° **36.**)

J'entends ta voix, miraculeuse Etoile,
Nous annonçant le Sauveur glorieux,
Tu m'apparais scintillante et sans voile
Et telle enfin que te rêvaient mes yeux.
Devant nos pas la route est large et belle,
Nous te suivrons, Etoile du bonheur.
O Rois, debout ! le Seigneur vous appelle,
Noël ! Noël ! Voici le Rédempteur. (*bis*)

BALTHASAR *et* MELCHIOR, *se relevant.*

O Rois, debout ! le Seigneur vous appelle,
Noël ! Noël ! Voici le Rédempteur. (*bis*)

L'Etoile se fixe dans le ciel de la toile de fond.

MELCHIOR. (*Air* n° **37.**)

Eh bien ! cet astre non pareil,
Qu'au ciel nous voyons cheminer,
Nous annonce un nouveau soleil.
Allons tous les trois l'adorer.
Or sus, mes princes débonnaires,
Joyeux, prenons nos dromadaires
Et courons, courons vitement
Contempler ce bel événement.

Pendant le chant suivant, l'esclave de Melchior met au vieux Mage le manteau, la couronne et lui donne le sceptre. L'esclave prend le lingot d'or.

GASPAR *et* BALTHASAR. (*Air* n° **38.**)

Accepté, grand Mage,
Mais faut aviser,
Pour lointain voyage
L'argent faut priser.
Prenons bonne bourse
Avec beau présent,
Prenons notre course
Vers le Roi naissant.

GASPAR, *montrant son esclave qui porte un vase.* (*Air* n° **39**.)

Pour ce tout-puissant Seigneur,
J'ai de l'encens tout parfumeur.

BALTHASAR, *montrant son esclave, qui porte une gerbe de verdure.*

J'ai de la myrrhe dans sa fleur,
Qui toujours garde sa fraîcheur,
Nous en ferons un bel hommage
A cet auguste personnage.

GASPAR, *montrant l'esclave, qui porte un lingot d'or.*

Et vous, Melchior,
Vous lui présenterez votre or.

L'Etoile se balance dans le ciel.

LES TROIS MAGES (*Air* n° **40**.)

Sus donc en diligence,
Car ne voyez-vous pas
Que l'Etoile en cadence
Nous mesure ses pas ?
Courons à toute bride,
Ce grand flambeau nous guide
Et bien nous conduira
Où juste il conviendra.

Ils sortent par la coulisse de droite et repassent lentement, pendant le chant de l'Etoile, entre la balustrade et la toile de fond. Chaque esclave précède son mage.

L'ÉTOILE (*Air* n° **18**.)

« Veníte adorémus (*ter*) Dóminum ! »

PREMIER RIDEAU

ACTE II

LES MAGES CHEZ HÉRODE

TABLEAU D'AVANT-SCÈNE

Au lever du premier rideau, les membres du Sanhédrin, venant de droite, arrivent sur l'avant-scène. — Le prophète Siméon occupe le milieu. — *A droite,* Anne et Caïphe. — *A gauche,* Nicodème.

Deux gardes d'Hérode encadrent le tableau.

SIMÉON

Membres du grand Conseil des Juifs, Hérode, roi et tyran de Judée, nous fait mander ici, vous l'élite du Sanhédrin, et moi, pauvre vieillard, afin de nous consulter sur la naissance du Messie. (*Mouvement de surprise des Sanhédrites.*) Oui, le Sauveur est né ! Et dans sa miséricorde infinie, le Seigneur m'a révélé que des Anges ont annoncé sa venue à de simples bergers. En même temps, un astre miraculeux, apparaissant aux savants d'Orient, les invita à adorer le divin Nouveau-Né, pour signifier que toutes les nations viendront à Lui et qu'Il sera le Roi universel.

NICODÈME

Il me semble pourtant que le Messie promis doit être le Sauveur seulement du peuple juif.

SIMÉON

Dieu n'a-t-Il pas créé l'Univers ? — Dès lors, pourquoi son Fils ne serait-il pas le Rédempteur du monde entier ? Du reste, pensez ce que bon vous semblera ! — Ce matin même, les Mages sont entrés à Jérusalem ; mais comme l'Etoile, qui les avait conduits jusqu'en notre pays, a tout-à-coup disparu, les augustes pèlerins se sont adressés à Hérode, pour savoir de lui où était né l'Emmanuel.

ANNE

Siméon, nous croyons en toi, car nous savons que la Sagesse habite dans ton cœur, que la Vérité parle par ta bouche et que Jéhovah dévoile parfois l'avenir à ton regard prophétique. Cependant, un doute me reste dans l'esprit : Comment se fait-il que la naissance de ce prétendu Messie ait été annoncée, d'abord, à d'obscurs bergers et non pas à nous, Princes des Prêtres et Docteurs de la Loi ?

SIMÉON

Anne, Dieu se manifeste aux sincères et aux humbles, mais il se dérobe aux regards des hypocrites et des orgueilleux.

CAÏPHE

Tu nous insultes, vieillard !

SIMÉON

Vous l'avez dit vous-même : C'est la vérité qui parle par ma bouche !... Vous n'êtes pas dignes de contempler le Sauveur du monde ! (*Il s'adresse à Nicodème.*) Vous en êtes indignes, vous, Pharisiens hypocrites, qui sans cesse avez sur les lèvres des paroles de paix et de douceur, et dans le cœur des sentiments de vengeance et de haine ; vous qui marchez dans les rues de Jérusalem avec toutes les apparences de la vertu, et dont l'âme est remplie de vices et de corruption.

NICODÈME

Ne sommes-nous pas de la race des vrais serviteurs de Jéhovah ?

SIMÉON

Serviteurs de Jéhovah ?... Vous n'êtes qu'une engeance de vipères ; et au lieu de porter au peuple de Dieu la sève de la vérité et de la vie, vous ne lui donnez que le fiel de l'erreur et le poison du mensonge ! (*Il s'adresse à Anne et à Caïphe.*) Vous aussi êtes indignes de contempler le Salut de Dieu, Anne et Caïphe, tous deux Saducéens, tous deux incrédules à l'immortalité de l'âme, tous deux tellement possédés par le démon de l'orgueil que, quand bien même il vous serait donné de voir le Christ dans sa crèche, vous refuseriez de courber le front devant Lui !

ANNE

Certes, je ne reconnaîtrai jamais pour mon Maître un Roi sans palais, un Sauveur sans armée.

CAÏPHE, *d'un ton plaisant.*

Et fût-il Dieu ! S'il est pauvre et faible, nous

choisirons une montagne bien haute et nous l'élèverons sur une croix, afin qu'il puisse découvrir au loin l'Empire universel que tu lui prédis. *Anne et Caïphe ricanent.*

SIMÉON, *d'un air prophétique* (1).

Tais-toi, malheureux Caïphe!... Le châtiment de ton blasphème sera précisément de condamner le Messie au supplice des esclaves!..... O nation aveugle et sans pitié! Nation ingrate et vénale, puisque tu ne veux pas reconnaître le Sauveur dans l'humble Enfant dont les Anges ont chanté la naissance, tu attendras vainement un Messie, qui ne viendra jamais. — Toi qui as tué les Prophètes, tu mettras à mort le Rédempteur, qui est déjà venu... puis, peuple errant, sans unité, sans patrie, — avide d'or et de jouissances comme vous, Saducéens, — ambitieux du pouvoir et traître à tous les partis comme vous, Pharisiens, — tu porteras dans la suite des siècles la marque ineffaçable et le poids écrasant d'une terrible malédiction!... Seigneur, épargnez à ma vieillesse d'être le témoin attristé des crimes de votre peuple... Faites qu'aujourd'hui la vérité se manifeste aux hommes de bonne volonté, même par la bouche de ceux qui vous méconnaissent!... Permettez-moi de contempler et de presser sur mon cœur le Salut du monde, puis, ô Maître très doux, laissez mourir en paix votre serviteur!...

L'INTENDANT DU PALAIS, *entrant par le deuxième rideau entr'ouvert.*

Mes seigneurs, le Roi vous attend.

Le deuxième rideau s'ouvre pendant la sonnerie; et de suite commence le tableau de scène.

TABLEAU DE SCÈNE

Sonnerie de trompettes.

La scène représente une salle du palais d'Hérode. — *A droite*, un trône surmonté de l'étendard romain et sur lequel Hérode est assis. — *A gauche*, les mages debout, suivis des esclaves, portant les présents. — *Au milieu*, un peu vers le fond, quatre sièges pour les Membres du Sanhédrin.

Au lever du deuxième rideau, les Sanhédrites passent dans la scène, saluent Hérode, et, sur un signe du roi, prennent place sur leurs sièges.

HÉRODE, *après avoir jeté un regard hypocrite sur l'Assemblée.*

Maîtres en Israël, vous savez la vénération que je porte au Grand Conseil et l'estime que j'ai pour votre science de la Loi. Je vous assemble donc pour répondre aux questions de ces seigneurs et j'espère que vous le ferez en toute conscience.

LES SANHÉDRITES, *étendant la main.*

Nous le jurons!

(1) On peut accompagner la Prophétie de Siméon avec une musique de scène très douce.

HÉRODE, *aux Mages.*

Redites, je vous prie, mes Seigneurs, ce que vous désirez savoir.

LES MAGES (*Air* n° **41**).

Que Dieu dans ses dons est immense!
Instruits par un astre brillant
Que son fils ici-bas vient de prendre naissance,
Nous allons adorer ce Roi tout puissant.
Que Dieu dans ses dons est immense!
Son fils pour nous se fait enfant.

HÉRODE

Quel peut être le Roi dont parlent ces augustes voyageurs?

SIMÉON

Sire, ce Roi, c'est le Messie!

HÉRODE

Que votre Messie soit prophète, étant l'envoyé de Jéhovah, je le comprends; mais pour quelle cause serait-il Roi?

SIMÉON

Ce Messie est de la race de Juda et de la famille royale de David.

HÉRODE

Je croyais la famille de David à jamais éteinte... Est-ce aussi dans la ville de David, à Bethléem, que votre Messie a vu le jour?

LES SANHÉDRITES

Oui, Sire.

HÉRODE

De qui donc tenez-vous cette nouvelle, ignorée dans mon palais?

SIMÉON

Du prophète Michée, qui s'écrie : « Et toi, Bethléem... tu n'es pas la dernière parmi les principautés de Juda, car de toi sortira le Chef, qui doit conduire Israël, mon peuple. »

HÉRODE

Ainsi, un monarque nouveau, destiné à renverser mon trône, grandit au sein même de mes Etats!... (*Avec une sourde colère.*) Ne suis-je plus le seul roi de Judée?

SIMÉON, *avec calme.*

Celui dont parle le Prophète est roi de Judée comme de l'univers.

HÉRODE, *se levant.*

Ferme tes lèvres, insolent conseiller! souviens-toi que moi seul ai le pouvoir de commander au peuple d'Israël, et, ce pouvoir, je le tiens de César.

SIMÉON, *avec autorité.*

Lui, commande à tous les peuples et parce qu'Il est le Seigneur des seigneurs, tous les Césars tiennent leur autorité de Lui seul, de telle sorte que le Roi le plus puissant est à sa merci, comme le flocon de laine est à la merci de la tempête, qui l'emporte dans ses tourbillons.

HÉRODE, *furieux.*

Prends garde à ma colère, qui fait trembler les Juifs depuis les rivages de l'Ouest jusqu'aux déserts brûlés... Si je suis vieux, si mon bras languissant a perdu sa première vigueur, mes bourreaux sont là pour manier le glaive et châtier les révoltés. — Déjà, j'ai fait couler le sang des Machabées; déjà j'ai fait périr ma femme et mes deux fils; et, sachez-le, vous tous, jamais je ne souffrirai qu'on touche au sceptre royal, et malheur à l'imprudent qui voudrait porter la main sur ma couronne!

LES MAGES, *à Hérode.* (*Air* n° **42**.)

Ne vous fâchez, vous et votre famille,
Voici que le flambeau, signe de Dieu,
A disparu, quand fûmes dans la ville,
Après nous avoir conduits en ce lieu.

HÉRODE, *à part.*

C'est vrai, dissimulons notre colère, afin de mieux nous instruire, et... de frapper plus juste. (*Haut.*) Dites-moi, qui vous affirme que ce Roi tout-puissant doive naître en notre temps?

NICODÈME. (*Air* n° **8**.)

Sans être fort habile,
On répond à cela;
La réponse est facile,
En un mot, la voilà:
Au chaste Daniel, après une prière
Qu'il fit avec ferveur
De cœur,
Apparut Gabriel
Du ciel,
Tout brillant de lumière.

— « Soixante-dix semaines,
« Dit-il, fils de désirs,
« Mettront fin à vos peines
« Et à vos déplaisirs. »
Ces jours s'abrègeront selon la prophétie;
Alors ceux qui vivront
Verront
Dans le terme prescrit
Du Christ
La promesse accomplie.

— Que Votre Seigneurie
M'entende encore un peu:
Ce n'est point raillerie,
Non, ce n'est pas un jeu,
Car le Prophète entend des semaines d'années,
Qui, dans quatre cents ans
De temps
Que le prophète est mort,
Qu'il dort,
Sont tout juste écoulées.

ANNE

D'autre part, Jacob est formel sur ce point: « Le sceptre ne sera pas ôté à Juda, dit-il, ni la royauté à sa race, jusqu'à ce que vienne Celui qui est l'attente des Nations. »

HÉRODE

Donc, s'il faut en croire vos prophètes, les temps sont accomplis!

SIMÉON

Oui, Sire, et l'accomplissement des temps est marqué par l'apparition de l'Etoile que Balaam avait annoncée et que les Mages ont aperçue.

HÉRODE, *se levant.*

C'est bien, vos témoignages sont suffisants. Retirez-vous.

Les docteurs saluent le roi et se retirent par la gauche.

BALTHASAR

Sire, à quelle distance sommes-nous de Bethléem?

HÉRODE

A peine à deux heures de route.

BALTHASAR

Nous sommes heureux, puissante Majesté, de vous témoigner notre reconnaissance.

HÉRODE, *avec hypocrisie.*

Je suis aussi intéressé que vous, Mes Seigneurs, à connaître le nouveau Roi. Partez donc à Bethléem! Recherchez avec soin cet Enfant, et dès que vous l'aurez trouvé, faites-le moi savoir: j'ai hâte d'aller à mon tour l'adorer et mettre à ses pieds mon diadème.

LES MAGES. (*Air* n° **43**.)

Oui, prince, nous allons le cœur brûlant de zèle,
Nous allons adorer le petit Enfant-Dieu,
Et dans votre palais par un récit fidèle
Nous vous dirons bientôt ce qu'on voit en ce lieu.

HÉRODE, *debout et étendant son sceptre.*

Que l'Etoile du Seigneur vous accompagne!

PREMIER RIDEAU

ACTE III

ADORATION DES MAGES

TABLEAU D'AVANT-SCÈNE

Au lever du premier rideau, les bergers, sauf Judas, sont sur l'avant-scène. Nathanaël est *au milieu*: il a l'air très étonné et chante à ses compères ce qu'il a vu.

NATHANAEL. (*Air* n° **44**.)

De bon matin, j'ai rencontré le train
De trois grands rois, qui étaient en voyage;
De bon matin, j'ai rencontré le train
De trois grands rois dessus le grand chemin.
Venaient d'abord des gardes du corps,
Des gens armés, avec trois petits pages,
Venaient d'abord des gardes du corps,
Des gens armés dessus le justaucorps.

TOUS LES BERGERS, *regardant à droite et s'adressant à Nathanaël.* (*Air* n° **45**.)

Dans le lointain, voici le train
Des trois grands rois que tu vis en voyage,
Dans le lointain, voici le train
Des trois grands rois dessus le grand chemin.

En terminant ce chant, les bergers reculent vers la coulisse de gauche et disparaissent.

Pendant ce temps, le cortège des Mages entre par la droite : les deux gardes d'Hérode marchent en tête du cortège et se placent de façon à encadrer la scène, puis, viennent les Mages, chacun précédé de son page.

LES MAGES, *en entrant sur l'avant-scène.* (*Air* n° **19**.)

Nous voici dans la ville,
Où naquit autrefois
David, le plus habile
Et le plus saint des Rois ;
Adressons notre hommage
A Dieu qui conduisit,
Après ce long voyage,
Nos pas en ce lieu-ci.

L'ÉTOILE, *rayonnant de gauche sur les Mages.* (*Air* n° **18**.)

— « Venite, adorémus (*ter*) Dóminum ! »

LES MAGES. (*Air* n° **46**.)

Quel prodige! quelle merveille!
Dans le ciel de nouveau brillant,
Voici l'Etoile sans pareille,
Qui nous a conduits d'Orient.

LES ANGES, *invisibles.*

« Glória in excélsis Deo ! » (*bis*)

Le deuxième rideau s'ouvre. Pendant ce chant, commence le tableau de scène.

TABLEAU DE SCÈNE

Même décor qu'au *deuxième acte de la première partie ;* mais l'Enfant-Jésus est couché dans la Crèche et l'étoile brille au-dessus de l'entrée de la grotte. — Les Mages, en apercevant Jésus, tombent à genoux : Melchior *à droite,* Gaspar et Balthasar *à gauche.*

LA VIERGE MARIE. (*Air* n° **27**.)

Dors, mon très doux Jésus; plus tard quand la souffrance
Aura marqué ton front, qui porte l'espérance,
S'il te vient une peine, avance un peu la main,
Tu trouveras toujours mon cœur sur ton chemin.

Repose comme un bel oiseau,
Dont les ailes s'ouvrent à peine ;
Aujourd'hui tu n'es qu'un roseau,
Demain, demain, tu seras chêne.
Dors, dors, on n'entend plus de bruit.
Tout se tait : dors, mon cher Petit.

LES MAGES. (*Air* n° **19**.)

Que notre âme est ravie
Et nos sens éperdus!
Salut, Vierge Marie!
Amour à vous, Jésus!
Ah! daignez nous sourire,
Recevoir nos présents :
Cet or et cette myrrhe,
Nos cœurs et notre encens.

Melchior se relève le premier, prend des mains de son page le lingot d'or, laisse son sceptre au page, et, majestueusement, s'avance vers la crèche. Il fléchit le genou et dépose le lingot au pied de la Crèche, après avoir chanté ce qui suit.

MELCHIOR. (*Air* n° **47**.)

Plus pure que ce métal
Sans égal,
Dans le ciel est ta couronne :
Je le confesse et le crois,
Divin Roi,
Par Toi seul elle rayonne.

Melchior se relève, fait une génuflexion ou un salut, puis revient à droite, où il s'agenouille.

Aussitôt, Gaspar se lève à gauche et fait le même jeu, portant l'encens.

GASPAR. (*Air* n° **47**.)

L'encens, que d'un cœur tremblant
Mais brûlant,
A genoux je te présente,
Est en ta divinité
Et bonté,
De ma foi l'image ardente.

Gaspar se relève, fait une génuflexion ou un salut, puis revient à droite, où il s'agenouille.

Aussitôt Balthasar se lève à gauche et fait le même jeu, portant la myrrhe.

BALTHASAR. (*Air* n° **47**.)

Combien il est affligeant,
Mon présent!
Triste, je t'en fais l'hommage.
O Roi, tu n'auras que pleurs
Et douleurs,
Enfin la mort en partage.

Balthasar se relève, fait une génuflexion ou un salut, puis vient à droite, où il s'agenouille.

LES BERGERS, *dans le lointain.* (*Air* n° **18**.)

« Venite, adorémus (*ter*) Dóminum. »

LES BERGERS, *entrant par la gauche.* (*Air* n° **48**.)

Bergers, voici la grotte bienheureuse,
Où cette nuit est né le Fils de Dieu,
Tout tremble ici d'une crainte amoureuse
Pour le respect qu'on porte à ce Saint Lieu ;
Avec les Mages, qui lui font la cour,
Offrons nos hommages à ce Dieu d'amour.

Les Mages restent à droite. Les bergers sont tous ensemble à gauche.

LES MAGES. (*Air* n° **19**.)

Nous sommes des rois mages ;

LES BERGERS

Nous, de simples pasteurs.

LES MAGES

Ah! reçois nos hommages!

LES BERGERS

Daigne prendre nos cœurs !

TOUS

Chantons la sainte Crèche,
Où le Maître des Cieux,
Couché sur l'herbe sèche,
Sourit si radieux !

LES MAGES

Jésus, sur nos royaumes
Étends ta royauté;

LES BERGERS

O Jésus, sur nos chaumes
Fais sentir ta bonté.

TOUS

Chantons la sainte Crèche,
Où le Maître des cieux,
Couché sur l'herbe sèche,
Sourit si radieux !

LES MAGES

Nous dirons ta sagesse
Aux sages, aux puissants.

LES BERGERS

Nous dirons ta tendresse
Aux petits, aux enfants.

TOUS

Chantons la sainte Crèche,
Où le Maître des Cieux,
Couché sur l'herbe sèche,
Sourit si radieux !

LES MAGES

Salut, Marie, pucelle,
Mère du Rédempteur !

LES BERGERS

Joseph, gardien fidèle,
A toi, louange, honneur !

TOUS

Chantons la sainte Crèche,
Où le Maître des Cieux,
Couché sur l'herbe sèche,
Sourit si radieux !

Les Mages et les Bergers s'agenouillent.

MELCHIOR. (*Air* n° **49**.)

Bel Enfant-Dieu,
A cette humble chaumière
Dont tu fais la lumière
Nous disons : « Adieu ! »

L'ARCHANGE GABRIEL

Ne tardez pas,
Pressez vos pas,
Prenez une autre route,
Hérode est là-bas,
Ce roi méchant
Cherche l'Enfant,
Laissez-le dans le doute,
Fuyez promptement.

LES MAGES, *se relevant*. (*Air* n° **49**.)

Bel Enfant-Dieu,
A cette humble chaumière
Dont tu fais la lumière
Nous disons : « Adieu ! »
Ne tardons pas,
Pressons nos pas,
Prenons une autre route :
Hérode est là-bas ;
Ce roi méchant
Cherche l'Enfant,
Laissons-le dans le doute,
Fuyons promptement.

Au loin, on entend les Bergers, qui approchent peu à peu en chantant.

LES MAGES *et* LES BERGERS, *très doucement.* (*Air* n° **19**.)

Jésus, donne espérance,
Oh ! donne amour et foi,
Donne à tous l'innocence,
Puis le Ciel avec Toi !

TOUS, *se relevant et fort.*

Chantons la sainte Crèche,
Où le Maître des Cieux,
Couché sur l'herbe sèche,
Sourit si radieux !

Tous se placent sur l'avant-scène, les Mages au milieu. Le deuxième rideau tombe et reste fermé pendant le couplet suivant, pour permettre de préparer le Tableau vivant sur la scène. Les Mages et les Bergers sur l'avant-scène. L'un d'eux chante les couplets suivants et tous reprennent le refrain. (*Air* n° **50**.)

UN BERGER

I

O divin Enfançon,
Qui viens au monde naître
Pour nulle autre raison
Que pour la paix y mettre.

TOUS

(*Refrain.*)

La paix,
O Dieu, mon espérance,
La paix,
Au doux pays de France
Donnez la paix.

UN BERGER

2

Ta grande pauvreté,
Ton extrême martyre
Et ton humilité,
Tout cela veut nous dire : (*Au Refrain.*)

3

Les larmes que je vois
Sur ton visage tendre
Ne sont qu'autant de voix,
Qui nous font bien entendre : (*Au Refrain.*)

4

Cette attache des mains
Et des pieds dans la Crèche
Parle au cœur des humains
Et hautement leur prêche : (*Au Refrain.*)

5

Ce vieillard souriant,
Cette douce Marie,
Cet âne patient
Et ce bœuf, tout nous crie : (*Au Refrain.*)

6

Les Anges pour refrain
De leur douce musique,
N'ont, parmi l'air serein,
Que ce cri pacifique : (*Au Refrain.*)

7

Esprits mélodieux,
Qui chantez dans l'étable,
Obtenez-nous des cieux
Ce joyau délectable : (*Au Refrain.*)

8

Colombe, qui portez
Cette branche d'olive,
Vierge, sollicitez
Que bientôt nous arrive : (*Au Refrain.*)

Le deuxième rideau se lève. En même temps, les Bergers et les Mages prennent la place qui leur est assignée dans le Tableau vivant, qui se forme de suite et sans interruption.

ÉPILOGUE

TABLEAU VIVANT

Au milieu de la scène, *au fond*, et plus haut que la foule, se tiennent debout Marie et Joseph, soutenant ensemble l'Enfant-Jésus, qui domine ainsi tout le tableau. — Des anges, dont deux portent des trompettes, entourent la Sainte Famille.

Devant la Sainte Famille : *Au milieu*, Melchior à genoux tourne le dos au public et offre sa couronne. — *A droite*, les Bergers, les uns à genoux, d'autres debout. — *A gauche*, Balthasar debout et Gaspar à genoux, offrant sceptres et couronnes.

Sur l'avant-scène, *à gauche*, le Vieillard, personnifiant l'Ancien Testament, semble fuir.

Tous sont immobiles et forment un Tableau Vivant, qu'on peut éclairer avec des *poudres de Bengale* sans fumée.

Pendant le Tableau, l'Adolescent, placé *à droite*, dit la poésie finale.

L'ADOLESCENT

(personnifiant le Nouveau Testament.)

Musique de scène très douce.

Puisque Jésus est né, naïve tête blonde,
Dans les bras de sa Mère, encor petit Enfant, —
Et puisque d'un berceau doit sortir triomphant
Celui dont la parole émerveille le monde, —
Comme une pâle aurore au matin d'un beau jour,
Puisqu'Il a bien voulu descendre sur la terre ;
Et que, vivant alors dans l'ombre et le mystère,
Il commence déjà son mystère d'amour, —
Puisque brillante enfin d'une gloire éternelle
A l'ombre du Berceau va s'élever la Croix, —
Chrétiens, courbons le front, mettons-nous devant elle,
Et jetons-le bien haut ce cri : « *Credo?* » Je crois !

Il s'agenouille et joint les mains.

Maître, préservez-nous du mal par votre enfance,
Que notre âme jamais ne vous fasse d'offense,
Que nos cœurs près de vous ne soient pas attiédis,
Maître, recevez-nous un jour au Paradis! (1)

(1) Cette poésie est due à la plume distinguée et pieusement inspirée de mademoiselle Alice Feurgard.

NOTES POUR L'EXÉCUTION DU « NOEL »

Nous croyons utile de donner quelques indications pratiques qui faciliteront la tâche toujours très compliquée des metteurs en scène.

Acteurs. — Les rôles de ce Mystère peuvent être remplis par des *enfants* ou par des *jeunes gens*, et même par des *jeunes filles*.

Les costumes des Anges, des Bergers, des Mages, des Sanhédrites et des Romains doivent être très amples et comportent nécessairement une robe, ou un manteau, ou l'un et l'autre.

Division. — Le « Noël » peut être joué en deux fois, à quelques jours ou bien à un an de distance. Dans ce cas, et pour donner un spectacle complet, (quelle que soit la partie qu'on désire représenter : *Les Bergers* ou *Les Mages*), il suffira de commencer par le *Prologue* et de terminer par l'*Epilogue*, en supprimant toutefois du tableau vivant final les personnages, qui n'auront point paru en scène.

Rideaux. — Pour représenter ce Mystère tel qu'il est composé, il faut *nécessairement* avoir deux rideaux de théâtre.

L'un, que nous appelons *premier rideau*, est celui qui ferme ordinairement la scène; sa forme importe peu.

L'autre, que nous appelons *deuxième rideau*, doit être placé à un mètre environ derrière le premier. Ce deuxième rideau est à la fois le fond et tout le décor des tableaux d'avant-scène. Il est bon qu'il soit *très simple* et surtout qu'il *ouvre en éventail*, c'est-à-dire, en se séparant d'abord par le milieu pour se relever ensuite à droite et à gauche.

Chants. — Pour que l'attaque des chants ait lieu dans le ton et dans le temps voulus, l'accompagnateur devra toujours faire précéder d'une courte ritournelle le commencement de chaque mélodie.

Quant à la *Berceuse de la Vierge* et à la *Romance de l'Étoile*, elles peuvent être chantées par un soprano dissimulé dans la coulisse. (*L'accompagnement de ces deux morceaux par la harpe est d'un grand effet.*)

Nota. Les sonneries de trompettes sont facultatives. Mais si on les fait exécuter, il est préférable d'avoir un excellent trompette, qui sonne dans la coulisse, pendant que les Anges n'en font que le simulacre.

Apparitions. — Chaque fois que l'Archange Gabriel apparaît seul ou accompagné d'Anges, à l'annonce du Mystère ou dans le cours de la Pastorale, il s'avance debout sur un char mobile, étroit, haut de 0 m. 50 environ, enveloppé d'étoffes blanches et bleues, simulant les nuages, et facilement tenu par derrière, de telle sorte qu'on puisse l'avancer ou le reculer à volonté.

Dans le cours du Mystère, si l'on prend soin de faire la nuit à propos sur la scène et d'éclairer les apparitions avec un appareil à projections, on obtient des effets très saisissants.

Mages. — Nous avons cru bon de conserver aux Mages le caractère, l'attitude et l'aspect que leur attribue la légende et que précise ainsi le vénérable Bède : « Le premier s'appelait Melchior ; c'était un vieillard aux cheveux blancs, à la longue barbe : il offrit l'or au Seigneur comme à son roi. Le second, nommé Gaspar, jeune, sans barbe, rouge de couleur, offrit à Jésus, dans l'encens, l'hommage dû à sa divinité. Le troisième, au visage noir, portant toute sa barbe, s'appelait Balthazar : la myrrhe, qui était entre ses mains, rappelait que le Fils de l'homme devait mourir. » (*De Collectaneis*).

Sanhédrites. — En ce temps-là, les juifs de Jérusalem étaient partagés en deux camps bien distincts : les *Saducéens* et les *Pharisiens*.

Les *Saducéens* étaient les libres-penseurs de l'époque. Amis du luxe et de la bonne chère, ils ne croyaient pas à la Providence, ni à l'immortalité de l'âme, ni à la vie future. D'après les « Actes des Apôtres », les Saducéens formaient dans la ville sainte « une Tourbe dorée et crapuleuse ». A cette tourbe appartenaient Anne, Caïphe et une notable partie du Sanhédrin.

Les *Pharisiens* croyaient à la vie éternelle et à la Providence. Ils admettaient la loi de Moïse comme révélée; mais ils avaient surchargé cette loi de prescriptions fantaisistes et de pratiques ridicules. Et comme ils observaient ces pratiques avec beaucoup de sévérité et d'ostentation, le peuple était rempli de vénération pour ces hommes, mais leur vie était aussi corrompue que celle des Saducéens : c'étaient, selon la parole du Christ, de véritables *sépulcres blanchis*.

Cette remarque explique l'attitude du prophète Siméon dans la deuxième partie, et ses paroles non moins sévères pour Nicodème que pour Anne et Caïphe.

Toutes les indications de droite et de gauche sont prises de la place du spectateur.

ÉMILE COLIN ET Cie — IMPRIMERIE DE LAGNY

www.ingramcontent.com/pod-product-compliance
Lightning Source LLC
LaVergne TN
LVHW010316230826
846091LV00009B/3685

* 9 7 8 2 0 1 9 9 3 5 8 3 2 *